AF460337

LA PROPRIÉTÉ LITTÉRAIRE ET LE DOMAINE PUBLIC PAYANT

PAR

J. HETZEL

PARIS
E. DENTU, LIBRAIRE, PALAIS-ROYAL
GALERIE D'ORLÉANS, 13 ET 17
Et dans toutes les librairies importantes de Paris et des Départements.

1862

LA

PROPRIÉTÉ LITTÉRAIRE

ET LE

DOMAINE PUBLIC PAYANT

I

LA PROPRIÉTÉ LITTÉRAIRE EST-ELLE UNE PROPRIÉTÉ?

J'ai vu beaucoup de gens s'apitoyer, et non sans raison, sur la situation qui était faite aux écrivains, dans la société française, avant la révolution; c'est-à-dire à l'époque où la question de la propriété littéraire n'était pas même une question, à l'époque où le plus beau, le plus grand livre des plus mâles génies ne pouvait rapporter à son auteur, au point de vue matériel, qu'une faveur du pouvoir, quelquefois une pension tombée, par grâce spéciale, sur le coupable, de la caisse d'un financier attendri, ou de la cassette d'un gentilhomme bienveillant. Cette situation des lettres avant 89 nous touche à bon droit, nous tous les fils de 89. Ce qui m'étonne, c'est qu'elle indigne contre ceux qui la subissaient, des écrivains que je ne crois pas pourtant plus glorieux que moi de l'honneur qu'eux et moi nous avons de toucher une plume. « J'aurais été plus fier, disent ces braves gens, à qui cela est aisé à dire! J'aurais eu l'âme plus haute que ce plat Corneille, que ce lâche qu'on appelle Racine, que ce courtisan de génie qu'on appelle Molière; et plutôt que de faire telle ou telle préface ou dédicace, je serais mort de faim! Je n'aurais pas du moins accepté de vivre entre la domesticité et le boudoir! »

Mourir de faim, c'est facile à qui a l'appétit de la gloire; c'est même un désir qui prend souvent aux vrais amants du beau et du bon.

Mais mourir sans avoir rien écrit, voilà ce qui est impossible à celui qu'échauffe le feu sacré, et voilà précisément ce qui excuse tous nos grands hommes d'avant 89 d'avoir pensé, d'avoir chanté, d'avoir fait œuvre d'écrivains, en un mot, dans les conditions douloureuses que leur faisait leur temps. Se taire est la pire des morts, en effet, pour qui croit avoir de bonnes choses à dire. Le silence est le vrai trépas pour le poëte comme pour le philosophe, pour l'orateur comme pour l'historien. Je me félicite donc pour ma part que ces serfs sublimes, que les grands hommes du XVIIe siècle aient pris la nourriture de leur corps où il était d'usage de la trouver de leur temps, plutôt que de suicider leur intelligence, et je suis du nombre de ceux qui ne trouvent pas que notre siècle ait rien, sur ce point, à reprocher à ces pauvres, mais immortels génies. J'aime mes pères et je les honore, en tâchant de comprendre, et partant d'excuser, même ce qui, du point de la route où nous sommes, nous apparaît comme des faiblesses. Je les aime, car je n'oublie point que cette route c'est eux qui nous l'ont rendue praticable. Je les aime de nous avoir engendrés à la liberté, en dépit des difficultés qui leur faisaient obstacle. Je les honore surtout d'avoir amené à eux cette noblesse dont on feint de croire qu'ils ne furent que les très-humbles valets. Je les glorifie enfin d'avoir converti et leurs maîtres et le monde, et d'avoir si bien fait les affaires de l'intelligence, que la question des lettres soit enfin de nos jours une question d'économie sociale, comme celle du sucre et du coton.

Ce qui m'étonne, ce n'est donc pas ce qu'ont fait nos pères, c'est ce que nous n'avons pas su faire encore pour nous-mêmes, après qu'ils nous avaient frayé le chemin. C'est, pour tout dire, que cette question : «La propriété littéraire est-elle une propriété ?» soit encore une question en 1862, au lieu d'être tout bonnement un fait aujourd'hui indiscutable et indiscuté.

L'énormité et la naïveté des paradoxes auxquels elle a donné naissance, cette encore malheureuse question, soit du côté des amis, soit du côté des antagonistes de la propriété littéraire, fera sourire un jour nos descendants, qui pourraient bien rougir de leurs pères à leur tour, s'ils sont, comme quelques-uns de nous, des fils infatués d'eux-mêmes et inintelligents du passé.

Ce qui les étonnera par-dessus tout sera de voir que cette propriété aura été niée par ceux surtout qui font état de se poser en défenseurs de la propriété sur tous les autres points.

Ne semble-t-il pas, en effet, que, par une bizarre interversion des rôles, le communisme en matière de propriété intellectuelle soit question d'ordre et de moralité aux yeux de certains conservateurs, et que la maxime tant honnie : « La propriété c'est le vol, » devienne pain bénit pour ceux-là quand il ne s'agit que du vol en matière de propriété littéraire?

Les économistes sont presque tous des ennemis déclarés de la propriété intellectuelle. « La propriété littéraire n'est pas une propriété, disent-ils; les idées, même formulées à l'état de livre, appartiennent toutes à un fonds commun; les livres sont donc à tous et à personne. » Cependant, est-ce que les idées, est-ce que les œuvres de leurs adversaires sont les leurs? Est-ce que ce sont eux qui vont en prison ou en exil (tous les partis y ont été un peu de nos jours), quand leurs antagonistes y sont envoyés? Comment ces sentences commodes contre la propriété intellectuelle ont-elles trouvé pour apôtres des gens d'autre part assez sensés? Je n'ai jamais pu le comprendre.

Ce qui nous met la plume à la main aujourd'hui, c'est que nous voulons que la propriété de son œuvre rende à l'écrivain tout ce qu'elle vaut, parce que nous voulons pour l'écrivain l'indépendance de l'argent, légitimement gagné, qui, hélas! facilite bien les autres. A l'appui de notre idée, nous trouvons, dans un rapport approuvé l'année dernière par la Société des gens de lettres,des lignes qui méritent d'être citées :

« Vous voulez tuer le veau d'or! constituez en face de lui la *fortune de l'idée;* qu'on ne dise plus d'un petit-fils : « Il est riche, parce que « son grand-père fut un surintendant, un fermier général ou simple- « ment un usurier; » mais qu'on dise : « Il est riche, parce qu'un de « ses ancêtres fut un homme de génie ; » et vous aurez fait une révolution sociale.

« C'est alors que le public respectera enfin ces savants, ces poëtes, ces songe-creux qu'il tenait en si naïve pitié. »

Et ailleurs : « Si les écrivains ont fait quelquefois bon marché de la propriété en général, n'est-ce point parce qu'on leur déniait leur propriété à eux, la propriété de l'esprit?

« Un des effets les plus salutaires de la reconnaissance de la propriété littéraire, ce sera de créer une nouvelle classe de propriétaires, ce sera d'avoir incorporé une légion de volontaires dans la grande armée de la propriété, ce sera d'avoir institué les propriétaires de l'intelligence. »

Quand comprendra-t-on qu'avec la négation de la propriété littéraire, le pire lot de la destinée humaine est de sortir d'un homme de génie; que si l'on pouvait choisir son père, ce serait à qui refuserait d'être le fils de Molière ou de Corneille, et que les grands hommes ne trouveraient pour descendants de bonne volonté que de très-rares illuminés.

Il y a quelques libéraux malavisés, j'ai bien envie de dire des libéraux bornés, de ceux, il est vrai, qui peuvent parler avec un complet désintéressement de la propriété littéraire, parce qu'ils n'ont pas à craindre de s'en constituer jamais une, qui sont tout fiers de faire parade, au nom des lettres et sur le dos des gens de lettres, d'une générosité qui ne leur coûte rien à eux-mêmes. Triste libéralisme en vérité! Je ne comprends la négation de la propriété intellectuelle que dans la bouche de ceux qui nient toutes les autres. Si vous êtes communiste, si vous avez refusé l'héritage de votre père, si vous êtes résolu à déshériter vos enfants, — soit, — vous avez tort, — mais dans ce tort, du moins, vous êtes logique. Hors de là, vous n'avez pas le sens commun, et de plus, sans que vous vous en doutiez, en même temps que la raison, c'est le cœur qui vous fait défaut.

De toutes les controverses sur la propriété littéraire il résulte un fait pour moi, c'est que cette propriété est, par la supériorité même des trésors qui la composent, une propriété d'un genre tout à fait spécial et délicat, et que, par conséquent, il aurait fallu, au lieu de la brutaliser, la traiter avec plus d'égards qu'aucune autre.

La vraie réponse à cette question : La propriété littéraire est-elle une propriété? est celle-ci :

« Non-seulement la propriété littéraire est une propriété, mais, seule entre toutes, elle constitue deux sortes de propriété, l'une *morale*, l'autre *matérielle*. »

II

POSITION DE LA QUESTION.

Quand une œuvre de l'esprit a été livrée au public, qu'arrive-t-il en effet ? Deux intérêts se trouvent subitement en présence : — l'intérêt du public, à qui l'auteur a offert son œuvre avec l'intention manifeste de la lui divulguer, et par conséquent de lui en abandonner le profit moral ; — l'intérêt de l'auteur, lequel consiste à tirer un profit personnel de ce qui dans son œuvre constitue une propriété matérielle.

Aussi longtemps que l'auteur est en vie, il est clair et accordé même par les adversaires de la propriété littéraire que le droit de disposer de son œuvre lui appartient ; il la publie, il la cède, il l'exploite comme il lui convient. Un jour même il vient à se repentir de l'avoir publiée : il rachète toute l'édition, s'il le peut, il l'anéantit et, à sa mort, si, par impossible, il ne reste plus un seul exemplaire de l'ouvrage, la reproduction peut en devenir par son fait impraticable. Tout cela est son droit, son droit à lui seul : la propriété est définie le *droit d'user et d'abuser* de ce qui nous appartient.

Mais l'auteur vient à mourir sans avoir anéanti son œuvre, c'est-à-dire en faisant, autant qu'il est en lui, le public légataire du fruit moral de sa pensée. A un autre point de vue, cette œuvre a une valeur vénale, une valeur matérielle qui forme partie intégrante de sa succession, et dont ses héritiers ont le droit de profiter.

Si l'intérêt public devait être seul consulté, l'on dirait : « L'auteur mort n'a plus de besoins matériels à satisfaire ; plus son œuvre sera reproduite, plus grandira sa gloire posthume, seul tribut que puisse lui offrir la postérité ; que son œuvre tombe donc et *gratis* dans le domaine public. »

Si au contraire l'intérêt de la famille était seul pris en considération, on dirait : « La famille représente le défunt ; elle doit avoir les mêmes droits que lui, le droit non-seulement de tirer profit de la publication de l'œuvre, mais encore le droit de modifier, de tronquer et même d'anéantir celle-ci, comme aurait pu le faire l'auteur lui-même. »

Voilà deux solutions extrêmes auxquelles il faut absolument échapper, en conciliant les deux intérêts d'une manière équitable. Deux intérêts également sacrés ne sauraient être incompatibles.

Au lieu d'une solution intégrale, de nature à sauvegarder les deux intérêts en présence, on s'est partout jusqu'ici contenté d'une transaction malhabile et ingénument malhonnête qui les sacrifie tous les deux.

Cette transaction consiste à maintenir, au profit des héritiers, le droit de propriété sur les œuvres de l'auteur décédé pendant une période de dix, vingt ou trente ans après sa mort; les plus libéraux sont allés jusqu'à cinquante ans.

Plus j'y réfléchis, et plus je m'étonne que cette transaction ait pu satisfaire quelqu'un.

En effet, la propriété littéraire, en tant que propriété transmissible par voie de succession, est niée absolument par certains, affirmée absolument par d'autres, qui voudraient lui appliquer les règles de la propriété ordinaire et la déclarer transmissible à perpétuité.

L'expédient d'une propriété, non pas même de cinquante ans, mais de trente seulement, va directement contre l'idée de ceux qui voudraient immoler la famille de l'auteur à l'intérêt public, car une période de trente ans est, *pour l'immense majorité des livres*, la période de vie fructueuse pour les éditeurs, la période intéressante pour le public. En acceptant trente ans seulement de monopole, les adversaires de la propriété littéraire, s'ils sont logiques, font, en réalité, le sacrifice de leur système.

Les partisans de la propriété absolue ne sont pas moins inconséquents lorsqu'ils consentent à limiter, fût-ce à cinquante ans, un droit qu'ils déclarent perpétuel de sa nature.

C'est donc ailleurs qu'il faut chercher la solution du problème.

III

LA PROPRIÉTÉ PERPÉTUELLE. — LE DOMAINE PUBLIC PAYANT.

Jusqu'ici on a beaucoup parlé, on le voit, d'un côté, des droits sacrés de l'auteur, de l'autre, des intérêts non moins sacrés de la société, mais, en fin de compte, on n'a rien résolu.

Il s'agissait de concilier deux intérêts dont l'usage fait deux adversaires; IL FALLAIT DE TOUTE NÉCESSITÉ EN FAIRE DEUX AMIS; on les a laissés dans leur vieil antagonisme. On a sacrifié beaucoup celui-ci et beaucoup celui-là, et il en est résulté qu'à l'heure qu'il est personne n'est content ni ne peut l'être.

Cependant, ce qui de l'aveu de tous est équitable peut-il être impossible? Je ne saurais le croire. Qu'on me permette donc, pour aller au plus court, d'offrir, sous une forme précise et par articles, le résumé de mes réflexions sur cette question aux partisans des deux systèmes qui ont divisé jusqu'ici l'opinion.

Je n'ai pas la prétention de donner ici une solution complète jusque dans ses détails, mais je suis certain de mettre sur la voie de cette solution les législateurs à qui il est réservé de faire une loi définitive sur la propriété littéraire.

Non, la question de la propriété intellectuelle n'est point, quoi qu'on en dise, une question insoluble par les voies ordinaires du bon sens et de la logique. Il est impossible que sur ce point spécial, que sur ce point unique, la pratique ne puisse être d'accord avec la justice. Il faut que le double intérêt qui réside dans la propriété intellectuelle, — l'*intérêt matériel* de l'auteur, l'*intérêt moral* de la société, — soient également sauvegardés, il faut qu'il n'y ait de sacrifices *ni pour l'un ni pour l'autre.* — Mon projet a du moins l'avantage de tirer la question des compromis dont on l'a enveloppée.

LE DOMAINE PUBLIC PAYANT.

Le domaine public libre, *mais payant*, que je veux voir, que tôt ou tard je verrai constituer, la concurrence exploitant à l'envi l'œuvre de l'artiste mort—sans dépouiller ses héritiers,—et au plus grand profit de la société, — voilà le problème à résoudre.

Si ce que j'indique pèche par quelque point, qu'importe! Ce n'est pas par la base. C'est au législateur, qui a trouvé le moyen de percevoir les impôts les plus subtils, et de garantir les droits des créanciers les plus naïfs, des mineurs eux-mêmes, et des absents, contre la mauvaise foi des débiteurs, à donner sur ce point, comme sur d'autres, toute sécurité à cette spécialité intéressante de la propriété.

Voici ma formule; qu'on s'attache au fond seulement. Il est bien entendu que je ne prétends pas rédiger un projet de loi, mais seulement le crayonner.

« CONSIDÉRANT que la production littéraire doit évidemment constituer à son auteur une propriété, et que toutes les subtilités de la parole ne parviendraient pas à prouver qu'une œuvre n'est pas la propriété de celui qui l'a faite, *de celui sans lequel elle n'existerait pas,* déclarons que la propriété littéraire est une propriété;

CONSIDÉRANT aussi que, à côté de la propriété *matérielle* de l'œuvre littéraire, dont tous les bénéfices doivent revenir à l'auteur et ne sauraient, sans iniquité, être détournés au profit de tiers quelconques, il y a dans toute œuvre littéraire une propriété *morale* dont l'auteur a évidemment fait l'abandon au public dès qu'il a divulgué son œuvre, puisqu'il ne dépendrait plus de lui, le voulût-il, de la reprendre;

CONSIDÉRANT qu'il est de l'intérêt de la société que le fruit de cette propriété *morale,* dont l'auteur lui a fait don, soit assuré à la société, comme à l'auteur le fruit de sa propriété *matérielle;*

Disons :

ART. 1er. L'auteur aura seul la propriété de ses œuvres et leur gestion sa vie durant.

ART. 2. Attendu que, l'auteur mort, il peut y avoir danger pour le *droit moral* qu'il a abandonné à la société sur ses œuvres (par le seul fait de leur publication) à laisser le monopole desdites œuvres à un représentant, quel qu'il soit, de la *propriété matérielle* de l'auteur (parent, libraire ou ayant droit quelconque), il est dit que, l'auteur mort, ou au plus tard cinq ans après sa mort, ses œuvres tomberont dans le domaine public.

ART. 3. Comme le domaine public est nécessairement représenté par un ou plusieurs libraires ou imprimeurs à qui il sera loisible de s'emparer du livre de l'auteur mort et de le publier, chacun comme il l'entendra, dans l'intérêt de sa spéculation, et comme dès lors il ne saurait être juste qu'il pût être tiré profit par des tiers, *négociants*, dans des vues de lucre et de commerce, de la propriété de l'auteur au détriment de ses héritiers, il est dit que personne ne pourra user du droit que la loi accorde à tous de publier l'œuvre, dont l'auteur est décédé, si ce n'est à la condition de payer aux héritiers de l'auteur un droit de tant pour cent qui sera fixé, comme il sera dit plus bas, sur le prix de vente des volumes dont se composera l'œuvre par eux reproduite.

Art. 4. A cette fin il sera établi un bureau de déclaration où tout ce qui s'imprimera et se publiera en France devra être inscrit, une sorte de bureau de notoriété et d'enregistrement de l'état de la propriété littéraire, lequel bureau pourra, s'il y a lieu, être complété par un bureau de perception et de répartition du droit des héritiers ou ayants droit des auteurs.

(La mission de ce bureau serait de recevoir et de répartir à chacun ce qui lui serait dû).

Art. 5. Quiconque, par fraude ou autrement, n'acquitterait pas lesdits droits serait passible des peines attachées à la contrefaçon.

Art. 6. La quotité, le tant pour cent qui devra représenter le droit des héritiers de l'auteur, sera fixé par une commission (composée d'auteurs et de libraires), c'est-à-dire modifiée ou gardée suivant le besoin du temps, tous les cinq ans — plus ou moins.

Art. 7. Cette organisation pourra se faire avec ou sans le concours du gouvernement, les tribunaux étant là pour vider les points en litige. »

Tel est, dans sa formule essentielle, dégagé des détails d'application que l'expérience suggérera, le système que je crois le seul bon, le seul juste, le seul praticable, le seul libéral dans le véritable sens du mot, le seul qui garantisse à la fois et le *droit moral* de la société et le *droit matériel* de l'auteur.

Ce système, du reste, n'est point une utopie, et je montrerai tout à l'heure qu'il a pour lui l'autorité d'un précédent considérable.

Sans un malentendu regrettable, les idées que je viens d'exposer auraient peut-être pris place dans notre législation depuis plus de trente ans.

IV

COMMISSION DE 1825. — VOTES DES 23 JANVIER ET 6 FÉVRIER 1826.

En 1825, une commission extra-parlementaire avait reçu le mandat de rédiger un projet de loi sur la propriété littéraire.

Ses procès-verbaux, qui ont été publiés, serviront naturellement de point de départ aux travaux de la commission de 1862, qui est appelée à accomplir la tâche que ses devanciers laissèrent inachevée, tâche facile, du reste, puisqu'il ne s'agit plus aujourd'hui que de tirer les conséquences des principes posés en 1825.

Je n'ai point à analyser ici ces procès-verbaux qui devraient être lus par tous les membres de la commission nouvelle, mais je dois expliquer par quel déplorable malentendu le vote affirmatif du 23 janvier 1826 fut suivi d'un vote négatif le 6 février.

Comme le vote de principe du 23 janvier fut émis à une grande majorité, il n'est pas sans utilité de rappeler les noms des membres de la commission.

Ces noms, qui ont bien leur éloquence, les voici :

MM. Le vicomte de La Rochefoucauld, président.

Le marquis de Lally-Tolendal. . . . . . Le vicomte Lainé . . . . Le comte Portalis.	Pairs de France.
Royer-Collard . . . . Le comte de Montbron . . . . Pardessus.	Députés.
Bellart . . . . De Vatimesnil.	Conseillers d'État.
Villemain. . . . . Delaville de Miremont	Maîtres des requêtes.

MM. Auger	Membres des quatre académies.
Raynouard	
Andrieux	
Parseval-Grandmaison	
Picard	
Alexandre Duval	
Michaud	
Dacier	
Le baron Cuvier	
Le baron Fourier	
Quatremère de Quincy	

Le baron Taylor, commissaire royal près le Théâtre-Français.

ADJOINTS A LA COMMISSION

MM. Lemercier, de l'Académie française	Commissaires des auteurs dramatiques.
Étienne, homme de lettres	
Moreau, homme de lettres	
Champein, compositeur	

Talma, sociétaire du Théâtre-Français.

Renouard	Délégués des libraires.
Firmin Didot	

Secrétaire de la commission, M. Jules Mareschal.

Du 12 décembre 1825 au 6 mai 1826, la commission tint dix-huit séances dont le tiers environ fut consacré à l'idée de faire tomber, à la mort de l'auteur, ses ouvrages dans le *domaine public*, à la condition d'exiger de chaque éditeur qui voudrait les publier une somme au profit des héritiers.

A la séance du 23 janvier, la commission fut appelée à voter sur le principe de la rétribution perpétuelle ; nous citons :

Page 150. — M. le Président (M. de Larochefoucauld), opinant le dernier et motivant également son vote, déclare « qu'à ses yeux le droit des familles paraît établi de la manière la moins contestable ; que l'intérêt de la justice, non moins que celui des lettres, lui semble réclamer la consécration de ce droit. Pénétré du besoin d'encourager la littérature, et persuadé que le meilleur moyen d'y parvenir est de donner, à ceux qui lui consacrent leurs veilles, la garantie que leur postérité ne sera pas exposée à trouver la misère et la douleur, auprès des trésors que leur génie aura, par de longs travaux, légués à leur siècle et à leur pays, M. le président vote pour l'établissement de la rétribution perpétuelle au profit des héritiers, sauf à statuer ultérieurement sur l'adoption des moyens de perception. »

Et le procès-verbal poursuit :

« Après avoir recueilli et dépouillé les votes, M. le président déclare « que le principe de la rétribution perpétuelle est adopté à la majorité « de *quatorze* voix contre *six*. »

Les séances suivantes méritent la plus grande attention.

Le principe voté, la discussion s'engagea sur l'application, et le point qui parut le plus épineux fut le mode à employer pour asseoir la contribution qui serait exigée des éditeurs au profit des héritiers de l'auteur défunt.

Il y avait une idée bien simple à émettre ; malheureusement, ce ne sont pas les idées simples qui font le plus vite leur apparition ou leur chemin dans le monde. Cette idée consistait à établir la perception d'un droit DE TANT POUR CENT au profit des ayants droit de l'auteur, non pas sur le prix de revient, sur le prix de fabrication, mais SUR LE PRIX DE VENTE des livres, — *absolument comme la commission des auteurs dramatiques perçoit maintenant des directeurs de spectacles un tant pour cent sur leurs recettes quand il s'agit d'une œuvre théâtrale.*

Cette idée en 1826 ne vint à personne.

J'ose dire qu'elle n'eût rencontré cependant, dès cette époque, aucun adversaire désintéressé.

Elle ne saurait en effet être écartée que par ceux qui persisteraient à vouloir fonder leur industrie sur la base du monopole, sur la base de ce système de protection à l'intérieur qui a réduit la librairie à être l'un des plus petits commerces de France, ceux enfin qui sont par position les ennemis de tout changement, le changement fût-il un progrès.

Cette idée trouva devant elle ces adversaires dans le sein de la commission de 1825. Aussi n'y fut-elle point abordée. L'attention de la commission en fut ou systématiquement ou naïvement détournée. C'était une grande route au bout de laquelle était la lumière ; on se jeta dans les chemins de traverse, et la commission s'égara dans un dédale dont, comme nous allons le voir, elle ne pouvait sortir.

On posa ainsi la question : « Le tant pour cent uniforme qui doit être exigé de chaque éditeur ne peut être calculé que sur l'étendue même de l'ouvrage, sur le nombre de pages, de lignes, de lettres enfin qui entrent dans la composition de chaque volume, car si, de deux éditeurs, l'un veut faire une édition à 2 francs le volume, et l'autre une édition à 10 francs, en percevant le tant pour cent sur le prix vénal de l'édition, vous faites payer au second cinq fois autant qu'au premier. Or, cela est injuste. Il faut trouver le moyen d'asseoir le tant pour cent sur l'étendue du texte même, de manière que l'édition à 10 francs l'exemplaire, tirée à 2,000, paye exactement ce que payera l'édition à 2 francs, tirée à 2,000. »

Or, ce qui paraissait injuste, disons-le tout de suite, ne l'était pas, et bien au contraire. Il est admis dans la pratique, en effet, entre libraire et auteur, que le droit de l'auteur doit s'élever en proportion du prix de vente du livre. Quels que soient les frais de l'éditeur, il calcule ses bénéfices dans la proportion de ces frais; plus le livre est vendu cher, plus les bénéfices de l'éditeur augmentent, plus par conséquent ceux de l'auteur, ceux du propriétaire doivent augmenter.

La question une fois posée, contre tous les principes, en dépit de tous les faits et de tous les usages et du sens commun, on entraîna l'infortunée commission de 1825, si forte sur la théorie, si facile à égarer dans la pratique, on l'entraîna à chercher une solution dans l'établissement d'un tarif qui aurait modifié la contribution à payer pour chaque feuille d'impression, en prenant pour point de départ depuis celle dont le format, le caractère et la justification employaient le moins de lettres, jusqu'à celle dont la justification, le caractère et le format en employaient le plus. Car on disait, en partant toujours du même faux principe : « L'édition compacte doit payer plus cher que l'édition de luxe, puisque la première économise sur le papier. » Une fois engagés dans cette impasse, les deux honorables membres de la commission qui représentaient la librairie, MM. Didot et Renouard, devinrent les guides naturels de leurs collègues, et ne trouvèrent aucun moyen de les en tirer. Il n'est pas un libraire qui ne sourie aujourd'hui, en voyant dans quelles fondrières tomba dès lors la commission de 1825.

On lui soumit un tableau, un travail étrange et énorme, un véritable manuel du libraire, dans lequel on s'était évertué à exposer *hypothétiquement* toutes les combinaisons, variées au nombre de 4,320, dont pouvait être susceptible l'impression d'une feuille de papier pour devenir un volume, et on lui proposa d'établir un tarif de perception pour les droits d'auteur, comprenant par conséquent 4,320 articles différents, spéciaux, et formant lui-même un volume de quatre ou cinq cents pages !

On fournit à la commission des détails techniques très-vrais qui permettaient de faire ressortir des conséquences folles comme celles qui se trouvent consignées dans les procès-verbaux (pages 159 et 160) :

« L'établissement d'une taxe proportionnelle sur chaque volume, suivant le nombre de feuilles et la nature du caractère employé, a donné lieu à l'objection que voici :

« Les imprimeurs, a-t-on dit, emploient, pour le texte des ouvrages, seize ou dix-huit caractères différents.

« Les formats des livres ne sont pas moins variables ; ceux en usage sont au nombre de dix, encore les divise-t-on en grands, petits et ordinaires, ce qui donne trente formats (in-folio, in-4°, in-8°, in-12, in-16, in-18, in-24, in-32, in-36 et in-48).

« Enfin, la justification, c'est-à-dire le nombre des lignes, varie chez chaque imprimeur. Il faut encore estimer ces variations à sept ou huit par format.

« Ainsi, pour faire un tarif complet, il faudra combiner, de toutes les façons possibles :

« Le premier élément, qui présente dix-huit modifications ;

« Le deuxième qui en offre trente,

« Et le troisième, qui en offre huit.

« Le tarif comprendra donc 4,320 articles; imprimé d'une manière lisible, il formera un volume in-8° de quatre ou cinq cents pages !... »

Tel était le résultat monstrueux qui se dressa comme un épouvantail devant la commission, lorsqu'elle eut commis la faute de prendre un mauvais point de départ, et la faute non moins grande de s'en rapporter à ceux de ses membres dont les convictions, parfaitement honorables d'ailleurs, n'eussent pu que par miracle être favorables à un système qui contrastait si fort avec la pratique de toute leur vie, qui s'écartait si radicalement de la législation sous l'empire de laquelle leur renom d'éditeurs avait grandi en même temps que leur fortune, et qui eût détruit au profit de tous ce qui avait été jusque-là le monopole de quelques-uns. Dans la voie où la commission était embourbée, rien n'était plus facile à des hommes du métier que de la laisser en face de difficultés insurmontables; l'application du tarif différentiel exigeait la possibilité d'une vérification ; pour ruiner l'idée du tarif, il suffisait de démontrer que toute vérification de ce genre était impraticable ; puis, si la commission ne trouvait rien à substituer au tarif différentiel, le principe, voté le 23 janvier 1826, se trouvait comme non avenu, faute de moyens d'application, et les adversaires de la propriété littéraire perpétuelle triomphaient sur toute la ligne. C'était trop demander à des industriels, représentants naturels du passé et du présent, possesseurs de bonne foi de l'héritage de l'auteur, que de leur demander les moyens de faire cesser, en vue de l'avenir, l'abus qui naturellement leur paraissait reposer sur un droit acquis. A cette époque, la plupart des éditeurs, mis soudain en face d'une question si neuve, eussent sans doute envisagé le problème du même point de vue que MM. Didot et Renouard. La question de la propriété littéraire était à son enfance; les plus honnêtes gens du monde pouvaient ne pas la comprendre. Elle a grandi depuis lors.

Quand il y a à innover, c'est-à-dire à détruire et à réédifier dans une branche quelconque d'industrie, il faut tout d'abord poser les principes d'une législation nouvelle et les établir théoriquement. — Ceci fait, il faut, peut-être, demander aux hommes spéciaux de les appliquer, — mais leur demander de les formuler, c'est folie. C'est pourtant ce qu'on fit. Si l'on avait dit à MM. Renouard et Didot : « La loi est faite; le domaine public payant est une loi ; aidez-nous de vos lumières, donnez-nous les moyens de l'appliquer ; » nul plus que ces célèbres éditeurs n'était capable de constituer ce qui eût été décrété.

Mais on leur disait : « La loi nouvelle est à faire, c'est-à-dire la révolution. » Ils étaient conservateurs, ils durent combattre et écarter la révolution dont on avait le tort de vouloir les faire prématurément les initiateurs. Les mêmes hommes aujourd'hui, ramenés par le temps et l'expérience, concluraient, j'en suis sûr, plus libéralement.

Tout vint en aide aux ténèbres. Le secrétaire de la commission,

M. Jules Mareschal, partisan très-dévoué de la propriété perpétuelle, n'imagina pas qu'on pût sortir de l'ornière où la commission avait versé, et se contenta de signaler *comme exagérées* les 4,320 combinaisons indiquées; puis, s'obstinant à faire une route d'un cul-de-sac, il formula sa conclusion en ces termes :

(Pages 160, 161, 162.) — « Si l'on devait nécessairement avoir égard à toutes ces modifications, il faudrait chercher quelque autre moyen d'exécution; mais il n'en est pas ainsi; les difficultés signalées n'ont, au fond, rien de bien réel, ou du moins d'insoluble, et il suffira, pour s'en convaincre, des réflexions suivantes :

« D'abord, retranchons de cette longue série d'articles du tarif tous ceux que font naître les changements de justification. Quelques lettres, une ligne ou deux de plus ou de moins par page, n'ajoutent, ne retranchent pas assez à la contenance totale d'une feuille, pour que l'on y ait égard. Disons aussi que, puisqu'il y a tantôt excès, tantôt défaut, ils se compenseront, et que les descendants des auteurs regagneront, dans un cas, ce qu'ils perdront dans l'autre.

« Resteraient seulement cinq cent quarante combinaisons : nous les réduirons à dix-huit, en faisant observer que, si l'on taxe chaque feuille entière, peu importe la manière dont elle est divisée; qu'on la plie en quatre, en huit, en douze parties, sa contenance est la même, puisque la réduction ou l'accroissement des marges est, en général, proportionnelle à la réduction et à l'accroissement du format.

« Le tarif se composerait de dix-huit articles au plus. En usant de la nomenclature de MM. Didot, l'on rendrait impossible toute erreur ou toute fraude sur le véritable calibre des caractères à employer, le nom de chaque corps en désignant la mesure. En outre, l'on contribuerait puissamment à faire adopter par tous les fondeurs les utiles réformes de MM. Didot.

MODELE DU TARIF PROPOSÉ

ET A BON DROIT REPOUSSÉ EN 1825.

« Il sera payé pour 100 feuilles imprimées avec le caractère dit *le douze,* vulgairement *saint-augustin,* c'est-à-dire qui n'aura pas moins de 451 millimètres de corps (2 lignes, mesure ancienne). 1 fr. » c.

« Pour 100 feuilles imprimées avec le caractère dit *le onze*, vulgairement *cicéro*, c'est-à-dire qui n'aura pas moins de 413 millimètres (1 ligne 5/6, ancienne mesure).. 1 35

« Pour 100 feuilles imprimées avec le caractère dit *le dix*, vulgairement *philosophie*, c'est-à-dire qui n'aura pas moins de 376 millimètres (1 ligne 3/5, ancienne mesure).. 1 75

« Pour 100 feuilles imprimées avec le caractère appelé *le neuf*, vulgairement *petit-romain*, c'est-à-dire qui n'aura pas moins de 339 millimètres (1 ligne 1/2, ancienne mesure).. 2 25

« Pour 100 feuilles imprimées avec le caractère appelé *le huit*, vulgairement *petit-texte*, *gaillarde*, c'est-à-dire qui n'aura pas moins de 301 millimètres (1 ligne 1/3, ancienne mesure).................... 2 75

« Pour 100 feuilles imprimées avec le caractère appelé *le sept*, vulgairement *mignonne*, c'est-à-dire qui n'aura pas moins de 263 millimètres (1 ligne 1/6, ancienne mesure).. 3 35

« Pour 100 feuilles imprimées avec le caractère appelé *le six* ou vulgairement *nonpareille*, c'est-à-dire qui n'aura pas moins de 225 millimètres (1 ligne, ancienne mesure).. 4 »

« Il faudrait pousser ce tarif, d'un côté, jusqu'au 4, et, de l'autre, jusqu'au 16, en faisant bien attention que, les caractères ayant, sur le papier, deux dimensions, largeur (l'épaisseur) et longueur (le corps), la progression n'est pas arithmétique. Ainsi, *le six*, moitié *du douze*, contient quatre fois plus : aussi est-il, ci-dessus, tarifé en conséquence.

« On ferait bien aussi dans la progression descendante de tarifer le 5 1/2 et le 4 1/2. Sans cela les augmentations de la taxe (si elles sont faites, comme ci-dessus, proportionnellement) sembleraient excessives. »

Qu'on nous pardonne la longueur de ces citations ; elles étaient

indispensables pour faire comprendre comment une solution NÉCESSAIRE, admise en principe par une imposante majorité, put être déclarée impraticable par cette même majorité fourvoyée. Les adversaires de la propriété perpétuelle, n'ayant à combattre que le tarif de M. Mareschal, eurent beau jeu pour faire ressortir tous les inconvénients qui résulteraient de son application. Le plus grave et le plus manifeste consistait dans les mesures vexatoires, inquisitoriales, qu'il entraînait après lui. Tel éditeur payait 2 fr. 25 c. par feuille pour imprimer en *petit-romain;* on saisissait l'édition en soutenant qu'il avait employé, comme caractère, *la gaillarde, la mignonne* ou *la nonpareille;* et, comme ces distinctions de caractères n'ont rien d'absolu, comme M. Mareschal lui-même déclarait qu'entre le 6 et le 5 il était équitable d'admettre le 5 1/2, et entre le 5 et le 4, le 4 1/2; comme le 5 1/2 pouvait se modifier et devenir 5 1/4, 5 1/8, 5 1/16 jusqu'à l'infini, on retombait dans ce dédale de distinctions, de vérifications, d'inquisitions, de vexations dont M. Mareschal avait prétendu affranchir la presse. M. Villemain, notamment, fit remarquer que ce contrôle, auquel le gouvernement serait nécessairement appelé à participer, pourrait très-bien devenir le point de départ d'un impôt nouveau.

On en était là, lorsque, à la séance du 6 février (c'est notre dernière citation) :

« M. LE PRÉSIDENT rappelle à l'assemblée que le projet d'établissement d'une rétribution perpétuelle au profit des héritiers des auteurs n'a été rejeté à la dernière séance *qu'à cause des impossibilités d'exécution* des divers modes de perception *discutés,* et sauf la proposition ultérieure d'un moyen d'exécution praticable, s'il s'en présentait quelqu'un à l'esprit des honorables membres de la commission, dans l'intervalle des deux séances. Il consulte, en conséquence, l'assemblée à ce sujet.

« Aucun des membres n'ayant répondu, M. le Président déclare que l'idée d'un droit perpétuel sur la réimpression des ouvrages au profit des familles est définitivement abandonnée.

« M. LE PRÉSIDENT ajoute qu'il pense être l'interprète des sentiments unanimes de l'assemblée, en *exprimant le regret profond qu'il éprouve* à voir le système de la rétribution perpétuelle forcément rejeté, *faute de moyens* applicables pour assurer ce droit et en asseoir l'exercice.

« Il restera du moins constant, dit-il, que la commission n'a rien négligé pour y parvenir, et que c'est seulement après que tous ses efforts, pour atteindre ce but, ont été reconnus infructueux, qu'elle a dû renoncer, dans l'application, à un mode qui, dans la théorie, semblait répondre à tous les besoins et satisfaire les espérances légitimes des gens de lettres. Cette impossibilité bien reconnue oblige à chercher ailleurs les moyens d'améliorer leur sort et celui de leurs familles, idée qui a présidé à la formation de la commission, et qui doit constamment dominer toutes ses discussions. Ces moyens ne sauraient se trouver actuellement que dans une prolongation du droit exclusif de réimpression au profit des héritiers ; c'est donc à l'examen de cette proposition que l'assemblée doit maintenant se livrer. »

V

RÉPONSE A QUELQUES OBJECTIONS.

De cette analyse il résulte que la commission de 1825, **APRÈS AVOIR CONSACRÉ LE PRINCIPE DE LA PROPRIÉTÉ PERPÉTUELLE**, n'a trouvé aucun moyen pratique de l'appliquer.

Faut-il conclure de là que la solution du problème soit impossible? Non, très-certainement.

La preuve qu'il n'en peut être ainsi résulte des efforts persévérants tentés, depuis la clôture des séances de la commission de 1825, par des membres considérables de cette commission, pour faire consacrer le principe de la rétribution perpétuelle. Je citerai notamment M. Portalis, rédacteur du projet qui servit de texte aux délibérations de la commission, et dont les idées avaient été vivement appuyées par l'illustre Cuvier, par M. Bellart, auteur de l'amendement qui proposait la fondation d'une caisse de secours pour les gens de lettres, à l'aide des fonds de la rétribution qui ne seraient pas réclamés par les héritiers, idées adoptées, en définitive, par une immense majorité.

Or, en 1836, M. Portalis, alors premier président de la Cour de cassation, prit la parole, à la Chambre des pairs, pour reproduire le principe de la rétribution perpétuelle, à l'occasion du projet de loi sur la propriété littéraire présenté par M. de Salvandy. On le voit revenir encore sur cette idée à la séance de la Chambre des pairs du 25 mai 1839. Il paraît même qu'à cette dernière époque M. Villemain se montrait beaucoup plus favorable au système de M. Portalis qu'il ne l'avait été en 1826. Enfin, chose remarquable alors, un éditeur, M. Bossange, publiait, en 1836, une brochure à l'appui de la rétribution perpétuelle. Il est donc bien évident que le dernier mot sur la question n'a pas été dit en 1826, et la formation de la commission nouvelle en est la preuve irrécusable.

Il dépend de cette commission de faire cesser une iniquité, de mettre à néant une absurdité consacrée, de réaliser enfin un progrès nécessaire, en servant à la fois et l'intérêt de l'auteur et l'intérêt général, tous deux sacrifiés jusqu'ici par les législations précédentes.

Ma conviction profonde est que le pays qui adoptera le premier la solution que j'indique, outre qu'il donnera l'exemple au monde entier, assurera une plus grande position au commerce de la librairie; les auteurs, de leur côté, applaudiront tous à une législation si manifestement favorable aux intérêts de leurs héritiers et à ceux de leur propre renommée. Assurés qu'ils seront que si leur œuvre vaut quelque chose, le domaine public payant saura la faire fructifier, on ne les verra plus aliéner avec une déplorable insouciance le fruit de leurs veilles, et donner à tout jamais pour un morceau de pain ce qui peut devenir un patrimoine pour leurs enfants. On verra diminuer, en tous cas, le nombre de ces contrats de libraires à auteurs et d'auteurs à libraires, qui en font des adversaires plutôt que des associés; contrats qui tiennent du jeu plus que du commerce, qui tantôt livrent à forfait à l'éditeur, pour un prix ultra-modique, l'œuvre d'un homme qui s'ignore, et tantôt exposent l'éditeur fasciné à faire banco de tout son avoir pour payer à l'auteur illustre une espérance qui peut n'être qu'une illusion.

Maintenant, qu'on me permette d'aller au-devant des objections que peut soulever l'établissement du domaine public payant tant pour cent sur le prix de vente d'un livre.

PREMIÈRE OBJECTION.

L'auteur, bien ou mal avisé, a, de son vivant, aliéné, à perpétuité ou à temps, son droit de propriété au profit d'un éditeur; à la mort de l'auteur, qui aura droit de percevoir le tant pour cent?

RÉPONSE.

De même que l'auteur pouvait ne pas publier son livre et brûler son manuscrit; de même qu'il pouvait, après l'avoir publié, racheter l'édition entière et la détruire; de même qu'un propriétaire quelconque peut vendre sa maison ou son domaine et en dissiper le prix, sans que ses héritiers aient aucun compte à lui demander, ainsi un auteur peut aliéner son œuvre intellectuelle d'une manière définitive; le prix qu'il a reçu de cette cession a dû être proportionné à sa valeur, à l'étendue, à la durée de sa propriété, et, s'il ne l'a point dissipé, ses héritiers en profitent. Dans ce cas, le tant pour cent, auquel la famille aurait eu droit, appartient à l'individu quelconque qui est devenu cessionnaire du droit de propriété, et ce sont les héritiers de cet individu, éditeur ou autre, jusqu'au degré successible, qui bénéficieront de ce tant pour cent.

Que si l'auteur n'a cédé son droit que pour un temps limité, le droit de percevoir le tant pour cent n'appartiendra à l'acquéreur ou à ses héritiers que pour ce temps.

Et qu'on ne dise pas que l'éditeur ne sera pas suffisamment indemnisé par là du préjudice que pourra lui causer la concurrence. Car, si le livre est bon, tout le monde fera mieux ses affaires que lui-même; les éditions, en se multipliant, multiplieront les perceptions de tant pour cent; et, si le livre est médiocre ou mauvais, nul ne sera tenté de faire concurrence à l'éditeur primitif. J'ajoute qu'en sa qualité de propriétaire, il sera encore favorisé,— puisque, n'ayant rien à se payer à lui-même, il aura encore un avantage sur ses concurrents, s'il lui plaît d'exploiter par lui-même.

DEUXIÈME OBJECTION.

L'éditeur qui aura fait, du vivant de l'auteur, ou qui voudra faire, après sa mort, une édition de luxe, se verra, obligé qu'il est de payer le tant pour cent sur le prix fort, exposé à une concurrence au rabais qui rendra sa spéculation impossible, et qui, à la longue, entraînera la ruine de la librairie ?

RÉPONSE.

Ce qui se passe aujourd'hui répond péremptoirement à cette objection. Il existe un très-grand nombre d'ouvrages qui sont dans le domaine public ; est-ce que, chaque jour, on n'en publie pas des éditions de luxe, auxquelles font concurrence de nombreuses éditions à bon marché, anciennes ou récentes? Et toutes se vendent, si le livre a une valeur réelle, parce que chacune s'adresse à un public différent. La situation des éditeurs sera donc exactement ce qu'elle est aujourd'hui, avec cette seule différence qu'ils auront dû payer une faible redevance de tant pour cent pour avoir le droit de réimprimer l'ouvrage ; mais comme cette redevance est imposée à tous indistinctement, ils restent dans des conditions d'égalité relative. De plus, cette redevance, étant supportée par plusieurs, s'appliquant à plusieurs éditions faites concurremment, peut être minime pour chacune. Elle pèsera ainsi d'un poids si léger sur chaque édition que les prix de vente s'en ressentiront à peine.

Ce que je dis des ouvrages tombés dans le domaine public, mon expérience personnelle m'autorise à le dire aussi des ouvrages des auteurs vivants.

Du vivant de Balzac, j'avais fait avec MM. Dubochet, Furne et Paulin, une édition de ses œuvres complètes. C'est celle qui se vend encore, à l'heure qu'il est, dans la maison Houssiaux à 5 francs le volume — soit à 100 francs les 20 volumes. J'avais un monopole. Notre édition n'allait pas ou n'allait guère ; je la cède à M. Houssiaux.

Balzac meurt : deux éditions complètes se font de ses œuvres en concurrence de la mienne, l'une à 1 franc le volume, — à 45 francs les 45 volumes, — l'autre à 20 centimes la livraison. L'édition chère va être ruinée? Pas du tout. L'œuvre de Balzac pénètre dans la classe des lecteurs à bon marché, les livres de Balzac sont remis en discussion. — Ils reprennent faveur. — Mon édition à 100 francs s'épuise, mon cessionnaire la réimprime. L'édition à 1 franc fait fureur; l'édition à 20 centimes se vend à des nombres considérables,— elle coûte 25 francs au plus. — Voilà trois éditions en vente, toutes prospères, — là où une seule, œuvre du monopole, végétait.

Veut-on une autre preuve? — Instruit par ce qui se passait sous mes yeux pour le Balzac, — j'applique les résultats de l'expérience faite aux œuvres complètes de Victor Hugo.

Une seule édition complète de ses œuvres existait, — édition en 20 volumes aussi, et à 5 francs; — elle se vendait lentement à cause de son prix élevé.

Je fais concurrence à cette édition; je public simultanément une édition de Victor Hugo à 20 centimes la livraison, une autre à 3 fr. 50 c. le volume in-18, — et des poésies une petite édition à 1 franc le volume in-32, — puis encore une édition complète à 1 franc le volume. Toutes ces éditions se vendent, — se vendent à des nombres que je n'aurais pas osé rêver, quand se monopolisait le Victor Hugo dans les conditions ordinaires à 5 francs. De plus, en présence de mes éditions à 3 fr. 50 c., à 20 centimes et à 1 franc, M. Houssiaux, mon cessionnaire de *la Comédie Humaine*, rachète l'édition à 100 francs et la réimprime. Il la revendait depuis deux ans, non sans succès, quand la mort le vint lui-même surprendre.

Qu'en conclure? C'est qu'il en est de la nourriture morale comme de la nourriture matérielle, qu'il faut des tables à tout prix, et que l'ouverture des restaurants à 1 franc ne fait de tort ni aux *Frères provençaux*, ni à *Bignon*, ni au *Café Riche*.

Voilà deux œuvres, — l'œuvre de Balzac d'une part, — l'œuvre de Victor Hugo de l'autre, — qui ont résisté à deux, trois, quatre et cinq éditions, concurrentes l'une de l'autre, — du vivant de leurs auteurs ou de leurs ayants droit, — avec le monopole élargi par l'intérêt éclairé soit des ayants droit, soit des éditeurs, soit de l'auteur. Eh bien! ce qui est arrivé, et pour Victor Hugo et pour Balzac, — et aussi pour Georges Sand, que j'ai vendu avec succès concurremment sous divers formats et à divers prix, — serait arrivé, je l'affirme, pour les œuvres d'un grand nombre d'écrivains qui, dans des éditions variées, populaires, hors des collections qui leur servent de prison, se fussent vendues à des nombres incalculables sans porter préjudice aux éditions aristocratiques qui ont et auront toujours leur public spécial. Veut-on des exemples tout récents ? M. Hachette vend *l'Enfer* du Dante in-folio à 100 francs ; je vends *les Contes de Perrault* in-folio à 70 francs. A côté on vend des *Enfer* du Dante, des *Contes de Perrault* à tout prix.

Et d'ailleurs, veut-on laisser à l'éditeur ou à l'ayant droit quelconque de l'auteur, amis du monopole, un peu de la dangereuse sécurité qu'ils souhaitent ? Qu'il soit dit, comme je le propose, que, l'auteur mort, pendant un délai de cinq ans le monopole leur restera ; — mais qu'on n'aille pas plus loin : il n'est pas d'entreprise de librairie qui demande, si elle est sensée, plus de quatre ou cinq ans pour se résoudre et produire ses fruits.

Et quand ce que je demande éclairerait l'auteur ou son ayant droit sur son véritable intérêt, quand elle le déshabituerait de river son œuvre à une seule édition et à un seul format, où serait le mal ? — Ce serait certes un grand service que lui rendrait la loi, si elle l'affranchissait, par le fait, de cet asservissement à tel ou tel format qui ruine l'ouvrage et en concentre la vente au lieu de l'étendre.

TROISIÈME OBJECTION.

Quelles garanties les héritiers ou les ayants droit de l'auteur auront-ils de la sincérité de la déclaration de l'éditeur relativement au prix de vente et au nombre d'exemplaires tirés ?

RÉPONSE.

Ils auront toutes les garanties légales qui protégent efficacement, dans l'état de choses actuel, l'auteur et l'éditeur contre la fraude et la contrefaçon.

Ils auront de plus la garantie que voici :

J'entends que toutes les réimpressions que se proposeront de faire des éditeurs reçoivent la plus grande publicité. Le *Journal de la Librairie* devrait devenir un *Moniteur officiel de la Librairie*, donnant toutes les semaines, tous les jours, s'il le faut, le tableau des déclarations signées des imprimeurs et éditeurs, et de l'auteur même, si l'on veut, tant qu'il vivra, indiquant : le titre du livre, le format, le chiffre du tirage et le prix fort de l'exemplaire.

Cette publicité est indispensable et pour la propagation du livre, et pour que les éditeurs ne soient pas exposés à publier, à l'insu les uns des autres, des éditions trop pareilles du même ouvrage.

Mais elle aura encore cet avantage de faire connaître à l'imprimeur, au brocheur et à tout le personnel de leurs ouvriers pour quel nombre d'exemplaires l'éditeur a payé le droit de tirer de tel ou tel ouvrage. Cette connaissance devient évidemment un nouvel obstacle à la fraude, qui ne pourrait s'exercer sans les avoir tous pour complices.

Cette déclaration n'a en elle d'ailleurs rien d'insolite. Il ne s'imprime pas une feuille de papier en France qu'elle ne soit déclarée au ministère de l'intérieur par l'imprimeur. C'est à cette déclaration que se reporte l'auteur en cas de contestation, — et aux livres dudit imprimeur qu'il a toujours le droit de se faire ouvrir.

QUATRIÈME OBJECTION.

Si le tant pour cent est élevé, il écrase la librairie; s'il est faible, il ne procure aux héritiers qu'un avantage insignifiant.

RÉPONSE.

Dans mon projet, même avec un tant pour cent assez élevé, je soutiens que la librairie serait mise, par le seul fait de la cessation du monopole, dans de meilleures conditions que celles où elle se trouve aujourd'hui.

Qu'arrive-t-il en effet à la mort d'un auteur? Son œuvre, au lieu de tomber immédiatement dans le domaine public, reste, pendant trente ans, plus ou moins, selon les pays, la propriété de ses héritiers. Si l'ouvrage est bon, et l'on comprend qu'il faut toujours raisonner dans cette hypothèse, car un mauvais livre est une non-valeur, et un éditeur intelligent ne songera pas à l'imprimer, même pour rien;

si l'ouvrage est bon, dis-je, les héritiers veulent en tirer parti, et ne traiteront avec un éditeur qu'en exigeant de celui-ci environ dix pour cent du prix fort. Je ne mets pas ici ce chiffre au hasard; j'ai pu constater, par expérience, que c'était là la moyenne des droits d'auteur. Et ce dix pour cent devra être payé par l'éditeur ou les éditeurs, cessionnaires des héritiers, pendant trente, quarante ou cinquante ans; après quoi l'ouvrage tombe dans le domaine public. Mais combien y a-t-il d'ouvrages qui, après avoir été exploités pendant la vie de l'auteur et cinquante ans après sa mort, puissent être réimprimés avec profit? C'est assurément la très-petite minorité.

Quant à l'immense majorité, elle supporte, pendant les cinquante ans qu'elle aura vraiment une valeur, une charge d'au moins dix pour cent. J'ajoute que cette charge de dix pour cent, même avec le monopole, peut faire reculer la spéculation, que la charge réduite à trois et même à deux pour cent, par exemple, par l'établissement du domaine public payant, ne pourrait décourager.

Dans mon système, en effet, cette charge peut se réduire non pas à la moitié, mais au tiers et même au quart de ce qu'elle est actuellement.

On me dira : Mais alors ce sont les droits des héritiers que vous sacrifiez! Et je réponds : Non.

Chaque édition produira, il est vrai, pour les héritiers, une somme moindre que celle d'une seule édition cédée avec monopole par eux suivant le système en vigueur; mais il y aura pour eux plus que compensation, par la raison que mon système multipliera les éditeurs et qu'il suscitera des éditions qui sans lui n'auraient jamais vu le jour. Pendant cette période de cinquante ans, la seule véritablement productive, si l'on excepte les rares chefs-d'œuvre destinés à traverser les siècles, au lieu de 10,000 exemplaires, par exemple, qui auraient été publiés par un seul éditeur privilégié, la libre concurrence en fera imprimer peut-être 100,000, au grand profit des héritiers et du public, dont l'intérêt, sans doute, mérite bien quelque considération. L'éditeur, qui a le monopole d'un ouvrage, tient assurément à vendre le plus d'exemplaires possible; mais il tient, avant tout, à gagner, sur chaque exemplaire vendu, le plus possible, au moindre risque possible. Maître du marché, il peut croire, s'il est timide, qu'il a plus d'intérêt à gagner, seul, lentement, 3 francs par exemplaire sur un tirage à 10,000, ce qui lui fait 30,000 francs, qu'à gagner vite 25 centimes par exemplaire sur un tirage à 100,000, qui ne lui donne que 25,000 francs de bénéfices, et qui nécessite une avance de fonds à peu près décuple de la première. Ce calcul égoïste va tout droit contre l'intérêt du livre, intérêt supérieur cependant à celui du monopole. Oui, avec le monopole dans les mains d'un seul éditeur, l'intérêt personnel de l'éditeur est quelquefois l'adversaire de celui de l'auteur. Ainsi, par exemple, tel éditeur a une collection, — l'intérêt de cette collection est de garder tel auteur, tel ouvrage qui ajoute à son renom, qui fait bien sur son catalogue; — l'éditeur, mû par les intérêts supérieurs de sa collection, confine l'auteur et son ouvrage dans cette collection, il les y retient, il *les y emprisonne* aussi longtemps que dure son monopole. L'ouvrage, dont la vente eût décuplé, si on eût varié sa forme, son prix, ses conditions de vente, y languit : — qu'importe à l'éditeur aveuglé par son intérêt? — il faut que le malheureux ouvrage reste dans sa flotte à l'état d'enseigne ou de remorqueur. Le domaine public payant mettra à néant ces calculs égoïstes. Je pourrais citer vingt ouvrages célèbres qui végètent au milieu de collections célèbres aussi, à l'état de tige unique et amaigrie comme dans des pots trop étroits, et qui deviendraient des arbres à cent branches dans la pleine terre du domaine public payant; je me garderai bien de jouer ce tour à mes confrères; quelques-uns, amis des ténèbres en matière de spéculations littéraires, m'arracheraient les yeux.

Mon projet fait donc, à la fois, l'affaire des héritiers et celle du public; sans compter que la multiplicité des éditions sert, en outre, dans ses intérêts mieux compris, l'immense famille de la librairie : compositeurs, imprimeurs, brocheurs, marchands de papier, etc., etc.

CINQUIÈME OBJECTION.

Toutes les opérations de librairie deviennent aléatoires; un éditeur dépense 10,000 francs pour tirer 3,000 exemplaires d'un livre qu'il veut vendre au prix fort de 5 francs l'exemplaire; le lendemain, un concurrent annonce 10,000 exemplaires du même ouvrage au prix fort de 1 franc; le premier reste avec son édition sur les bras.

RÉPONSE.

De deux choses l'une : ou le premier éditeur a calculé son opération de manière à en tirer un gain honnête, licite, ou il a annoncé un prix fort qui doit lui procurer un bénéfice exagéré.

Dans le premier cas, il n'a rien à redouter de la concurrence, car celle-ci ne pourrait lui être faite que par un éditeur qui se condamnerait bénévolement, ou plutôt stupidement, à subir une perte sèche, hypothèse commercialement absurde.

Dans le second, il n'a qu'à s'imputer à lui-même le dommage qu'il éprouve pour avoir voulu vendre *cinq* francs ce qu'il pouvait vendre beaucoup moins cher tout en se réservant un bénéfice raisonnable. Ce sera pour lui un sujet de méditations philosophiques, dont il profitera à l'avenir; en attendant, l'intérêt public sera sauvegardé.

La libre concurrence tue dans son germe toute concurrence déloyale.

Un rabais excessif dans le prix fort annoncé ne pourra s'expliquer que par une fabrication négligée : incorrection du texte, mauvaise qualité du papier, etc., etc., etc. Aucun éditeur n'aura plus la pensée de recourir à ces expédients pour abuser le public, lorsqu'il courra le risque de voir une édition plus correcte, et à peine plus chère, arrêter l'essor d'une spéculation blâmable. Le public, mis à même de choisir, choisira et s'apercevra bien vite que le marchand ne lui en donne jamais, en somme, que pour son argent.

Il est enfin, j'y reviens à dessein, une autre et péremptoire réponse à tirer des faits. — Il existe une librairie, dite du domaine public, et ce n'est pas la moins lucrative. — Pour cette branche du commerce de la librairie, la concurrence s'exerce en toute liberté. — Qu'en résulte-t-il? C'est que, grâce à elle, il n'est pas un classique, fût-ce un classique de dernier ordre, dont les œuvres ne soient offertes au public simultanément sous dix et quelquefois sous vingt formes et à vingt prix différents.

Si cela se fait, c'est apparemment qu'il y a acheteurs à tous les prix. La concurrence ne tuera donc pas le commerce des livres ; — la protection, le monopole ne lui sont donc pas nécessaires, ils lui sont donc nuisibles.

SIXIÈME OBJECTION.

Le bureau de perception et de répartition deviendra nécessairement une dépendance du ministère de l'intérieur ; il en résultera un redoublement de surveillance et de gène pour la presse, sans compter que les redevances payées au domaine public fourniront au fisc une proie sur laquelle il ne manquera pas de se jeter.

RÉPONSE.

Cette objection a été signalée par la commission de la Société des gens de lettres dans le travail très - consciencieux qu'elle a publié l'année dernière.

Pour éviter un danger chimérique, ainsi que je vais le montrer, la commission de la Société a proposé tout un plan d'organisation qui me semble trop compliqué pour pouvoir fonctionner jamais.

Au point de vue de la surveillance exercée sur la presse, je n'ajoute rien à la législation en vigueur en exigeant de l'éditeur qui veut user du *domaine public payant* une déclaration énonçant le titre de l'ouvrage, le nombre du tirage et *le prix* du volume. Cette déclaration, sauf la mention du prix, les imprimeurs sont tenus dès à présent de la faire et avec elle le dépôt de trois exemplaires, sous peine de contravention. Et même, quant au prix du volume, il figure tout naturellement dans le *Bulletin de la librairie*.

Au point de vue fiscal, l'objection n'est guère plus sérieuse. Si le gouvernement voulait asseoir un impôt nouveau sur les manifestations de la pensée, il lui serait plus facile et plus productif de l'établir sur les matériaux de l'impression, papier, caractères, machines, ou sur les brevets d'imprimeur et de libraire, que sur les redevances du *domaine public payant*. Et, d'autre part, si la propriété littéraire se constituait enfin sur une base sérieuse, pourquoi n'aurait-elle pas ses charges comme toutes les autres propriétés? Ne vaut-il pas mieux avoir une propriété imposée, sujette même à des servitudes, qu'une propriété limitée, temporaire, et par conséquent niée dans son principe?

Mon bureau de perception, qui peut n'être qu'un bureau de notoriété, d'enregistrement, de déclaration, n'est donc point un rouage nouveau.

Il n'est bureau de perception que comme simplification, il ne joue qu'un rôle d'intermédiaire entre les intéressés, et il est à croire que, la loi constituée, on s'en passera comme on s'en passe dans l'état actuel des choses, quand les parties veulent et peuvent rester en présence. Il ne servira qu'à celles qui ne pourraient faire leurs affaires ni par elles-mêmes, ni par un intermédiaire de leur choix. Ce serait un agent tout trouvé, mais non indispensable.

Ces complications-là ne sont rien à côté de celles que comportent la plupart des perceptions de l'État, et elles peuvent se résoudre par un mécanisme aussi simple que celui qui fonctionne au profit des auteurs dramatiques en dehors de toute action gouvernementale.

Le gouvernement peut n'avoir de rôle à prendre là que par ses tribunaux, comme toujours, comme pour tout, en cas de contestation.

Je ne vois pas d'autres objections possibles à la solution que j'indique du problème de la propriété littéraire. Mais il est à croire que s'il s'en présentait d'autres, la réponse serait facile.

Que si enfin je m'abusais sur la valeur du moyen que j'apporte pour concilier les *droits moraux* de la société sur l'œuvre de l'auteur, avec les *droits matériels* du dit auteur ou de ses représentants, ce ne serait point une raison pour qu'on abandonnât la recherche qu'il resterait à faire d'un meilleur.

L'iniquité du régime présent est évidente; il faut qu'elle cesse, précisément parce qu'elle est évidente. L'écrivain ne saurait avoir plus longtemps cette situation de paria vis-à-vis de la propriété de ses œuvres que lui fait la législation du passé; sous prétexte que son œuvre est par un côté une œuvre d'intérêt général, que, dans le fond de son travail, il y a une part donnée par lui-même au public, il ne doit pas être plus longtemps dépouillé de son bien tout entier, c'est-à-dire de la part qui lui peut, qui lui doit revenir sans détriment pour personne.

Mettons à néant les paradoxes saugrenus dont on a essayé de couvrir le tort qu'on lui a toujours fait. Les lieux communs de la vérité sont agaçants, ceux de l'erreur sont odieux.

Ne souffrons pas que, seul entre tous les travailleurs, l'auteur soit condamné à ne travailler qu'au jour le jour, sans pensée d'avenir, forcé de placer son bien en viager et poussé en quelque sorte à le dépenser de son vivant. Les descendants de nos grands hommes ont été assez longtemps à la merci de la pitié publique ou de celle des gouvernements, pitié nécessairement conditionnelle et exclusive. Ils ont pour débiteurs naturels *les industriels* à qui profite la négation de leurs droits, en faveur de qui, sous prétexte d'intérêt public, s'est élevé l'échafaudage de paroles derrière lequel s'est cachée jusqu'ici l'expropriation sans indemnité de la propriété intellectuelle. Ces débiteurs ne tiennent pas tous à vivre gratis de Corneille et de Racine, de Molière, de Perrault, de La Fontaine et de tant d'autres. Qu'on leur indique un moyen pratique de cesser d'être des usurpateurs du bien d'autrui, des contrefacteurs autorisés à l'intérieur, et leur conscience réveillée s'en réjouira. On mendie de loin en loin pour le petit-fils d'un grand homme, on apprend un jour avec stupeur que l'héritier d'une des gloires de la France est sans pain, une souscription se fait, les théâtres s'émeuvent, une représentation se donne par de pauvres artistes au bénéfice de cette misère à la fois illustre et obscure, un secours d'une heure lui vient, comme par hasard! Certes, le sentiment est bon, il est généreux, mais la chose est mauvaise, elle est impie dans le sens humain et divin de ce mot, et je me sens rougir pour tous mes confrères comme pour moi, en pensant que peut-être j'ai vécu un jour de ce patrimoine du pauvre, injustement dépouillé à mon profit. Quoi! la petite-nièce d'un grand homme a tendu la main, et tous les éditeurs des œuvres de son aïeul lui auraient refusé l'obole qui lui est due, — deux pour cent si vous voulez, — deux sous sur cent sous, — deux francs sur cent francs, — vingt francs sur mille francs, qu'on tire de la poche des admirateurs de l'homme de génie dont la loi lui fait, pécuniairement, un malheur de descendre! Je ne le croirai jamais.

Une sorte de honte me monte au front quand je pense que tout récemment, quand la loi n'accordait que dix ans de survie à la propriété littéraire, les éditeurs de nos plus illustres contemporains eussent pu vivre sur le bien de ces grands hommes, sur leur terre, sur leur propriété, à dix pas de leurs héritiers dépossédés, chassés par une loi barbare du domaine paternel.

Je sais au nom de quels bons sentiments on a commis ce crime de lèse-probité publique. J'excuse les aveugles et j'ai pitié même des faiseurs de phrases, quand ils sont de bonne foi; mais qu'ils l'avouent, l'iniquité qu'ils ont prônée leur coûtait au fond du cœur. L'intérêt public peut couvrir certains attentats, mais non pas endormir la conscience au point d'en chasser tout remords. Mis en demeure de faire du mal à tous ou à quelques-uns, ils ont choisi le mal qui leur a paru moindre. Mais ils ont senti que la meilleure fin ne justifie pas tous les moyens, et du jour où on leur aura fait toucher du doigt que le *droit matériel* de l'auteur n'est point incompatible avec le *droit moral* de la société sur l'œuvre intellectuelle, ils renieront leurs injustices et seront les premiers à rougir des entorses qu'ils ont faites au bon sens pour prouver cette chose improuvable qu'une œuvre n'appartient point à celui *sans lequel elle n'eût pas existé*, qu'il est bon que le génie soit improductif de tout capital, qu'il est sage par conséquent, en le désintéressant de l'idée de créer une fortune à ses enfants, de faire de lui un ennemi ou tout au moins un indifférent dans toutes les grandes questions qui confinent à la propriété et à la famille.

J. HETZEL.

PARIS. — IMPRIMERIE DE J. CLAYE. RUE SAINT-BENOIT. 7

TABLE DES MATIÈRES

PARIS. — IMPRIMERIE DE J. CLAYE, 7 RUE SAINT-BENOIT.

www.ingramcontent.com/pod-product-compliance
Ingram Content Group UK Ltd.
Pitfield, Milton Keynes, MK11 3LW, UK
UKHW020216180726
13838UKWH00005B/2030

9 782329 409597